Bezaubernde Tischdekorationen

Jo Rigg

Bezaubernde
Tischdekorationen

Inspirierende Ideen und
Projekte zum Selbermachen

Bassermann

ISBN: 978-3-8094-8036-5

© 2010 by Bassermann Verlag, einem Unternehmen der
Verlagsgruppe Random House GmbH, 81673 München

Die amerikanische Originalausgabe erschien bei Bulfinch Press,
ein Unternehmen der AOL Timer Warner Book Group unter dem
Titel: Tabletops

Copyright © 2003 by Breslich & Foss Limited.

Projektkoordination dieser Ausgabe: Dr. Iris Hahner
Umschlaggestaltung: Atelier Versen, Bad Aibling
Übersetzung (für no:vum): Ulrich Magin, Leinfelden-Echterdingen
Redaktion: no:vum, Susanne Noll, Leinfelden-Echterdingen
Satz (für no:vum): Rund ums Buch – Rudi Kern, Kirchheim/Teck

Druck und Bindung: Neografia

Printed in Slovakia

817 2635 4453 6271

Inhalt

Einleitung

Bezaubernde *Tischdekorationen* steckt voller überraschender und schnell umzusetzender Ideen, Ihren Tisch schön zu gestalten, und enthält viele Tipps, wie Sie – ganz nach Geschmack und Gelegenheit – genau das passende Ambiente zaubern. Ob Sie eine zwanglose Familienfeier planen oder ein aufwendiges Festtagsmenü – dieses Buch zeigt Ihnen, wie Sie die richtigen Elemente zusammenstellen, um eine perfekte Atmosphäre für ein unvergessliches Beisammensein zu schaffen. Dabei stehen Vergnügen und Farbkombinationen im Vordergrund sowie die richtigen Accessoires, die alle zusammen aufregende neue Looks erzeugen – sowohl draußen als auch drinnen.

Neben den verblüffend einfachen Ideen, wie Sie auf Ihren Tisch beispielsweise das Flair eines französischen Bistros oder eine Party in den Tropen zaubern können, finden Sie genaue Schritt-für-Schritt-Anleitungen für Schmuckservietten und -tischdecken, für bemalte Gläser, Schalen in Schwammtechnik, Blechdosenlaternen und wunderschöne Blumendekorationen. Freuen Sie sich auf Ihren geschmückten Tisch. Wählen Sie ein Motto, decken Sie den Tisch entsprechend und laden Sie zu einem unvergesslichen Essen ein!

Blau und Weiß ist eine klassische Kombination – sauber und frisch, dabei ruhig und angenehm. Eine kräftig karierte Tischdecke und gestreifte Servietten bilden die Grundlage dieser Gestaltung, das moderne Besteck und die Saftgläser machen sie zeitgemäß. Bleibt man streng bei einem Farbschema, lassen sich alle möglichen Muster und Stile erfolgreich kombinieren. Damit es zeitlos und dennoch modern aussieht, mischen Sie unterschiedliche Blautöne – Hellblau, Kobaltblau, Indigo – mit Weiß.

Blau und Weiß

Das Frühstück ist die wichtigste Mahlzeit des Tages, also sollten Sie es besonders genießen. Hier bildet die blau-weiße Tischdecke den idealen Hintergrund für die warmen Töne der Speisen und lässt sie noch appetitlicher wirken: goldene Croissants, die im Munde zergehen, weiche Butter, saftige Grapefruits und leckere Aprikosenmarmelade lassen das Wasser im Mund zusammenlaufen. Eine Vase mit Frühlingsblumen ist ein Blickfang in Augenhöhe und bildet ein natürliches Element, das die hier eingesetzten geometrischen und gestreiften Muster ergänzt.

Eine weiße Teekanne aus Porzellan und ein Teeservice im Landhaus-Stil passen zu der traditionellen Anmutung dieses Frühstückstischs. Verwenden Sie je nach Geschmack unterschiedliche Designs: Große Punkte und Blumen oder kleine und große Muster können gemischt werden, solange Sie bei dem vorgegebenen Farbschema bleiben. Sie verstärken die rustikale Atmosphäre noch ein wenig, indem Sie Stoffdeckchen für die Marmeladengläser anfertigen. Schneiden Sie aus dem Tuch einen Kreis, dessen Durchmesser größer ist als die Glasöffnung, und binden Sie ihn mit einem blau-weiß gestreiften Band um das Glas. Der Duft frisch gepflückter Hyazinthen, Margeriten und Vergissmeinnicht erfüllt diesen einladenden Frühstückstisch. Ziehen Sie nun die Vorhänge zurück und lassen Sie das Morgenlicht in den Raum strömen!

Ein leckerer Joghurt und ein Teelöffel Heidelbeeren sind ein guter und gesunder Start in den Tag.

Blaue Saftgläser verleihen der Tafel einen zeitgemäßen Look.

MATERIAL
Geschirrhandtuch
Stecknadeln
Maßband
Nähnadel und Nähgarn
Band

Eine Bestecktasche aus einem Baumwoll–Geschirrhandtuch hält das Besteck zusammen und sieht einfach gut aus. Besteck mit blauen Griffen passt hervorragend zu dem blau–weißen Farbschema.

Bestecktasche

1 Legen Sie das Geschirrhandtuch mit der rechten Seite nach unten. Klappen Sie ein Drittel des Tuchs so um, dass ein Umschlag entsteht, und stecken Sie es mit Stecknadeln fest.

2 Markieren Sie mithilfe des Maßbands die einzelnen Taschen auf dem Umschlag mit Stecknadeln.

3 Nähen Sie beide Lagen des Geschirrhandtuchs an den markierten Linien zusammen und entfernen Sie beim Nähen die Stecknadeln.

4 Stecken Sie das Besteck in die Taschen und rollen Sie alles fest zusammen.

5 Binden Sie das Band um die Bestecktasche und schließen Sie es mit einer Schleife.

Sie wollen zu Hause asiatisch essen? Machen Sie ein stylisches Event daraus. Diese Tafel hat ein modernes, asiatisches Flair, das klar und minimalistisch, aber dennoch zart und feminin ist. Traditionelle chinesische Elemente sind im westlichen Stil neu interpretiert – das erzeugt ein elegantes, ausgewogenes Erscheinungsbild. Die violette Seidentischdecke ist mit einem Gittermuster bestickt, das ein Gegengewicht zu den klaren Linien der einfachen Schalen und Teller bildet. Alles vermittelt den Eindruck von feiner, schlichter Schönheit.

Asiatisch

Dazu trägt auch die zartlilafarbene Orchidee bei. Die Form ihres Blütenblatts betont die Rundungen der Vase. Kugel- und Kreisformen kommen auf dem gesamten Tisch zum Einsatz, von den zylindrischen Wassergläsern über die runde Teekanne bis hin zu den kugeligen Lampions. Die sanften Pastellfarben verbinden und erzeugen einen harmonischen, gefälligen Eindruck. Die dunkelrosa Blütenmitten der Orchideen und die rote Linie im Untersetzer aus Essstäbchen garantieren, dass der Tisch nicht langweilig wirkt. Doch diese Farbakzente sind so gering, dass sie keine Unruhe ins Gesamtdesign bringen.

In Asia-Märkten findet man oft Lebensmittelverpackungen mit dekorativen Bildern oder Schriftzeichen, die sich ideal als Schmuck eignen. Sie sind viel zu schade, um im Regal zu verkümmern. Wenn Sie Jasmintee aus einer chinesischen Teekanne gießen, erzeugt das Flair – insbesondere, wenn der Tee aus Schalen und nicht aus Tassen getrunken wird. Verwenden Sie Schalen und Teller mit interessanter Glasur sowie knallfarbene Essstäbchen. Chinesische Papierlampions schaffen sofort Atmosphäre, wenn sie über den Tisch verteilt stehen oder den Raum in ein weiches Licht tauchen. Glückskekse und asiatische Münzen betonen die Stimmung. Essen und genießen Sie!

Eine einzelne Orchidee sieht in einer modernen Glasvase atemberaubend aus.

Eine asiatische Münze und etwas Dekoband verwandeln eine einfache Serviette, die Glückskekse bringen Spaß ins Geschehen.

MATERIAL
2 Stränge rotes
  Stickgarn
Schere
100 Essstäbchen
  aus Bambus

Ein Untersetzer aus zusammengebundenen
Essstäbchen ist elegant und praktisch, er schützt die
zarte Seidentischdecke vor heißen Schalen und
Flecken. Und die eingeprägten roten Schriftzeichen
sehen hübsch aus.

Untersetzer aus Essstäbchen

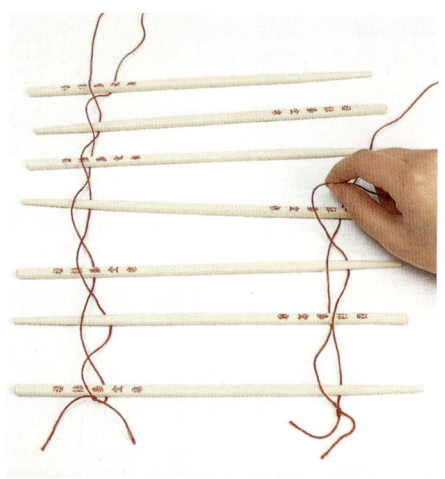

1 Schneiden Sie vom Stickgarn vier 1 m lange Stücke ab und legen Sie je zwei nebeneinander. Verknoten Sie die Fäden an einem Ende – jetzt haben Sie zwei doppelte Fäden.

2 Legen Sie beide Garnpaare auf den Tisch, die Knoten zeigen zu Ihnen. Platzieren Sie die Essstäbchen so, dass die Schriftzeichen sichtbar sind, und legen Sie abwechselnd je einen Faden eines Garnpaares über und unter ein Stäbchen.

3 Wenn Sie das mit allen Stäbchen gemacht haben, verknoten Sie jeweils die Fäden, um die Stäbe zu fixieren. Schneiden Sie die überstehenden Enden ab. Das sieht hübscher aus.

Der Frühling ist eine wunderbare Jahreszeit, nach dem langen Winter erwacht das Leben neu. Feiern Sie mit Ihrer Familie und Ihren besten Freunden die Wiederkehr des blauen Himmels mit einem unaufwendigen Essen. Halten Sie die Tischdekoration entsprechend einfach und frisch und holen Sie die neue Jahreszeit ins Haus. Ein elegantes Stielglas eignet sich gut für ein einfaches Arrangement aus Osterblumen. Zarte Hyazinthen stehen – von flaumigen Federn umgeben – in einem blauen Entenei. Ein um den Stiel gebundenes Dekoband rundet alles ab.

Pastell zu Ostern

Kleine Salz- und Pfefferstreuer in Eiform wirken hübsch auf einem österlichen Frühstückstisch mit Ei und Toast.

Der milde Duft der Hyazinthen ist der Inbegriff von Frühling.

Ein Vogelnest mit verschiedenen Eiern eignet sich wunderbar als Osterdekoration und erzeugt die richtige Frühstücksstimmung. Gelbe Federn und die Frühlingsblüten der Forsythien kontrastieren zart mit den Blautönen des Tisches. Sie holen die Sonnenstrahlen des Frühjahrs ins Haus.

MATERIAL
Lebensmittel-
farben
kleine Wasser-
schale
weiße Marabu-
Federn
Papiertaschen-
tücher
Teller

1 Geben Sie ein paar Tropfen Lebensmittelfarbe in eine Wasserschale. Legen Sie die Federn etwa fünf Minuten ins Wasser, damit sie die Farbe annehmen.

Gefärbte Marabu-Federn

2 Legen Sie die nassen Federn auf die Papiertaschentücher. Sie saugen die überschüssige Farbe auf. Lassen Sie die Federn dann an einem warmen Platz mehrere Stunden trocknen.

3 Sobald die Federn trocken sind, glätten Sie sie sorgfältig mit den Fingerspitzen, bis sie weich und flauschig sind.

4 Um verschiedenfarbige Federn zu erhalten, wiederholen Sie Schritt 1 bis 3 mit Lebensmittelfarben in anderen Tönen.

Bei einem traditionellen englischen Nachmittagstee können Sie ganz in Blumenmustern und Geschirr mit Goldrand schwelgen. Ein Blumengesteck aus Rosen und Hortensien in Rot- und Rosatönen sorgt für die richtige Stimmung. Servieren Sie kleine Köstlichkeiten – etwa in zwei Teile geschnittene und üppig mit Marmelade und extra viel Sahne bestrichene Scones –, verführerische Kuchen und anderes köstliches Gebäck. Gurkensandwiches, frische Erdbeeren oder Petit Fours und weitere traditionelle Teeleckereien schmecken Ihren Gästen bestimmt.

Nachmittagstee

Solch ein exquisiter Anlass erfordert die feinste Tischwäsche: rein weiße Leinenservietten sowie eine dazu passende Tischdecke, dazu kleine Kuchengabeln und Teelöffel. Sie können viele unterschiedliche Muster auf der Tafel verwenden oder nur ein Muster einsetzen. Beides sieht edel aus. Klassische Blumenmuster passen immer gut zusammen und wirken auch nicht überbordend, wenn Sie einige einfarbige Stücke dazustellen. Porzellan im Chintz-Design lässt englische Sommergärten ahnen und erinnert an vergangene Zeiten, als der Nachmittagstee noch ein tägliches Ritual war. Der Name Chintz stammt von dem indischen Wort chintes; er bezeichnet farbkräftige Dekors mit kräftigen Blumenfarben und leuchtend gefiederten Vögeln.

Außergewöhnliche Serviettenringe erhalten Sie, indem Sie Rosenblüten aus Stoff auf ein stoffüberzogenes Gummiband nähen. Damit begrüßen Sie Ihre Gäste an der Tafel. Zusätzlich zu den Servietten benötigen Ihre Gäste Kuchengabeln, um sich an Ihren leckeren Mürbekuchen und marmeladenbehäuften Scones gütlich zu tun. Auf einer Kuchenplatte arrangiert, können Sie die ganze Palette Ihrer Köstlichkeiten herumreichen. Eine hochwertige Teekanne aus Porzellan ist ein Muss. Diese, die Zuckerschale und das Milchkännchen dürfen so dekorativ sein, wie Sie mögen. Füllen Sie den Tee regelmäßig nach, damit immer genug frischer, heißer Tee zu den köstlichen Kuchen vorhanden ist.

Eine vergoldete Zuckerschale und ein entsprechendes Milchkännchen passen perfekt zum Geschirr mit Goldrand.

Für ein bisschen Vergnügen garnieren Sie die Zuckerwürfel mit Tortenguss. Die Farben sollten zu den Teetassen passen.

Für dieses atemberaubende Gesteck reichen Rosen und Hortensien. Diese Blumen passen im Farbton zu dem verwendeten Porzellan, zusammen ergeben sie ein farbenfreudiges Arrangement. Im Handumdrehen gemacht, hat diese Blumendekoration sofort die Aufmerksamkeit Ihrer Gäste.

Blumengesteck

MATERIAL

große, runde Schale

Ring aus Nass-Blumensteckmasse, 25 cm Durchmesser

Moos

Blumendraht

kräftige Schere

rosa Hortensien

rote und rosa Rosen

1 Legen Sie die Blumensteckmasse in eine Schale mit Wasser, bis sie vollgesogen ist. Nehmen Sie sie aus der Schale und lassen Sie überschüssiges Wasser abtropfen.

2 Bedecken Sie die Blumensteckmasse mit Moos und befestigen Sie es mit Blumendraht.

3 Schneiden Sie die Hortensienstängel auf etwa 5 cm Länge zu. Stecken Sie die Blumen in gleichmäßigen Abständen in den Ring.

4 Zum Schluss Ihres Arrangements stecken Sie jeweils drei oder vier Rosen zwischen die Hortensienblüten, bis alles Moos bedeckt ist.

Helle, exotische Farben in Kombination mit Naturstoffen und einem Meer von Blumen bilden die Szenerie für diese Party. Kümmern Sie sich nicht darum, ob die Farben zueinanderpassen: Je mehr lebhafte Farben auf dem Tisch sind, desto besser. Lassen Sie Ihrer Fantasie mit Gestecken aus Blumen und Früchten freien Lauf: Ein Arrangement wie dieses eignet sich bestens für einen Grillabend im Sommer oder eine Gartenparty. Bei Anbruch der Nacht erhellen unsere recycelten Blechdosen den Tropentisch und erzeugen eine zauberhafte Atmosphäre.

Party in den Tropen

Altrosa Stargazer-Lilien bringen weitere Farbakzente in das tropische Arrangement. Es darf aber auch jede andere Blume mit kräftigen Farben sein. Riesenproteas oder Vanda-Orchideen sehen genauso toll aus. Sie können das Zimmer auch mit Plastik- oder Papierblumen dekorieren, das ist herrlich kitschig! Tropische Früchte wie Ananas, Passionsfrucht und Papaya sind rund ums Jahr erhältlich und stehen im Mittelpunkt des Arrangements. Die einfache Tischdecke aus Sackleinen bildet den perfekten Hintergrund für die kräftigfarbenen Früchte und die rosa Lilien und kontrastiert mit dem Grün des Bananenblatts.

Es sieht toll aus, wenn Sie die Bananenblätter als Teller für die Tropenfrüchte verwenden, und beschwört die Karibik herauf. Säubern Sie die Blätter aber vorher. Bereiten Sie einen herrlichen Obstsalat aus tropischen Früchten zu und servieren Sie ihn im Melonenkorb. Bieten Sie leckere Cocktails aus dem Saft von Tropenfrüchten an: Versuchen Sie einmal Ananassaft mit einem Spritzer Limone und darauf Soda. Mischen Sie unterschiedliche Säfte zu einem schmackhaften Punsch. Stecken Sie Cocktailschirmchen und Rührstäbchen ins Glas, das sieht fröhlich aus. Größere oder kleinere Fruchtstückchen im Cocktail sind ebenfalls eine gute Idee. Stecken Sie diese auf Cocktailspießchen, dann können die Gäste bequem daran knabbern.

Eine Stargazer-Lilie liegt in einer Schale aus Palmholz – ein wunderbares Gedeck für jeden Gast.

Schneiden Sie das Fruchtfleisch aus einer Melone und servieren Sie Obst und Früchte darin.

Diese wunderbaren, silbernen Lampen wurden aus alten Blechdosen gefertigt – die Löcher im Metall lassen das Licht einer Kerze nach außen leuchten. Nehmen Sie unterschiedliche Dosen mit jeweils eigenen Mustern und stellen Sie diese in Formation auf.

Blechdosenlampe

MATERIAL
Permanent-
    Marker
Blechdose,
    gespült
Nagel
Hammer
Teelicht

1 Mit dem Permanent-Marker zeichnen Sie das gewünschte Muster mit Punkten auf die Dose.

2 Platzieren Sie den Nagel auf dem vorgezeichneten Punkt und schlagen Sie ihn durch die Dose. Ziehen Sie den Nagel wieder heraus.

3 Hämmern Sie den Nagel durch alle Punkte auf der Dose.

4 Stellen Sie das Teelicht in die Laterne und entzünden Sie es mit einem langen Streichholz.

Die Erinnerung an lange, faule Sommertage ist lebhaft und kostbar. Lassen Sie sich von den gedämpften Farbtönen und den abgerundeten Formen von Treibholz, Kieseln oder Muschelschalen inspirieren und erschaffen Sie eine Tafel, die schöne Erinnerungen wachruft. Ein paar Strandsouvenirs dekorieren den Picknicktisch aus sonnengebleichten Brettern. Jeder wird die Muschel-Tischkarten mit nach Hause nehmen wollen; die Kieselsteine verhindern, dass die Servietten im Wind davonfliegen – und Sie können sie nach der Party am Strand lassen.

Strandparty

Papierservietten mit Muschelmuster sind praktisch und dekorativ. Ein hübscher Perlmuttlöffel mit Muschelgriff passt ideal zur Stranddeko.

Eine schlichte Linie aus Muscheln ziert die moderne Porzellanplatte, und die Kieselsteinkerze betont das Strand-motto.

Salz und Pfeffer, in gereinigten Auster-schalen gereicht, sind eine tolle Idee.

Grundlage für diese eleganten Tischkarten ist
ein gefaltetes weißes Kartonquadrat. Wenn Sie
unterschiedliche Muschelgrößen und -sorten
verwenden, können Sie einfache und komplizierte
Karten basteln. Ihre wahre Schönheit liegt darin,
dass jede ein Unikat ist!

MATERIAL
Bleistift
Metalllineal
weißer Tonkarton
Cutter
wasserfester Leim
Muscheln

Tischkarten mit Muscheln

1 Nehmen Sie Bleistift und Lineal,
zeichnen Sie damit auf den Tonkarton
Rechtecke von 10 cm Seitenlänge.
Schneiden Sie diese mit Skalpell und
Lineal aus.

2 Zeichnen Sie eine feine Linie in der Mitte
der Karte, ritzen Sie diese mit dem Skalpell
leicht an. Knicken Sie den Karton entlang
des Falzes.

3 Geben Sie auf jede Muschel etwas Leim
und kleben Sie sie auf die Karte. Lassen Sie
sie über Nacht trocknen, dann schreiben
Sie die Namen in Schönschrift auf die
Karte.

Eine Mahlzeit im Bistro: Das ist wunderbar für ein legeres Essen, einen leckeren Snack oder eine entspannende Tasse Kaffee mit einem Croissant. Stellen Sie sich vor, wie Sie in einer Pariser Seitenstraße sitzen, an einem Citron Pressé nippen und den Passanten zusehen, oder wie Sie an der Seepromenade in Nizza bei einem Glas Rotwein mit Freunden plaudern. Hier haben wir ein Arrangement im Stil eines Bistros geschaffen. Der runde Chromtisch sowie die Servietten und die Tischdecke in kräftigem Rot und Weiß erzeugen französisches Flair.

Französisches Bistro

Der Tisch wirkt zwar üppig und interessant, aber es wurde sorgfältig darauf geachtet, ihn nicht zu überladen. Jeder Gegenstand auf dem Tisch – vom Salz- und Pfefferstreuer bis zur Wasserkaraffe – ist sorgfältig ausgewählt, um das Bistrogefühl zu betonen. Unsere Schalen in Schwammtechnik haben die perfekte Größe für eine Suppe oder einen Salat, und sie sind ganz einfach und schnell herzustellen. Halten Sie genügend französisches Brot bereit und einige köstliche, in Kräutern marinierte Oliven zum Knabbern. In einfache Gläser schenken Sie – je nach Geschmack – Wasser, Fruchtsäfte oder einen roten Landwein ein.

Mit Ausnahme der roten Gerbera in einem der Gläser hat alles auf unserem Tisch einen praktischen Nutzen. Die Tischdekoration ist weder kleinlich noch übertrieben. Die Servietten greifen die roten und weißen Karos der Decke auf, die in der Tischmitte liegt. Sie bildet einen Kontrast zum kühlen Chrom und macht das Arrangement lebhafter. In der Weinflasche steckt eine Kerze, die am Abend entzündet wird. Binden Sie ein Tuch mit Karomuster um die Flasche, das gibt französisches Flair. Ein hübsches Set aus Chrom mit Öl- und Essigflaschen steht neben einer klassischen Menage aus Glas. Rustikale Gläser ergänzen die praktische Anmutung der Dekoration.

Stippen Sie Brotstücke in Olivenöl und Balsamico-Essig oder streichen Sie ungesalzene Butter darauf.

Diese einfache weiße Schale ist groß genug, um eine Menge frisch gebackener Baguettescheiben aufzunehmen.

MATERIAL
rote Keramikfarbe
Untertasse
kleiner, quadrati-
   scher Schwamm
mittelgroßer Pinsel
einfache
   Keramikschale

Robustes Geschirr eignet sich hervorragend für ein Essen im Bistro-Stil. Grobe weiße Schalen mit in Schwammtechnik aufgetragener roter Keramikfarbe passen gut dazu und lassen sich leicht selber machen.

Schale in Schwammtechnik

1 Geben Sie etwas Keramikfarbe auf die Untertasse. Tauchen Sie den Schwamm in die Farbe und betupfen Sie die Außenseite der Schale damit. Warten Sie, bis die Farbe getrocknet ist.

2 Ziehen Sie mit dem Pinsel einen feinen Rand um den Fuß der Schale. Lassen Sie die Farbe trocknen.

3 Bemalen Sie auch oben den Schalen-rand. Lassen Sie die Farbe trocknen und brennen Sie sie im Backofen nach Anlei-tung des Farbherstellers.

Das Leben auf dem Meer und maritime Accessoires haben für diese Tischdekoration Pate gestanden. Eine als Tischdecke ausgebreitete Seekarte bestimmt das Motto, sorgfältig ausgewählte, vom Meer inspirierte Akzente vervollständigen es. Modellschiffe heitern die nautische Tafel auf – mit ihnen werden Kinder und Erwachsene spielen wollen, während sie sich beim Essen entspannen. Sandstrandfarbene Platzdeckchen aus Sisal sind robust und haltbar, sie sehen neben dem weichen Blau und Türkis der anderen Elemente auf der Tafel herrlich aus.

Seemannslunch

Mit Einsetzen der Dämmerung flackert das Licht einer marineblauen Sturmlaterne über den Tisch und erzeugt eine magische Atmosphäre. Leicht blau getönte Wein- und Wassergläser mit einer blasigen Oberfläche passen dazu. Sie gleichen Wellen, die in der Sonne glänzen. Das Besteck erinnert mit seinen transparenten blauen Griffen an die Farbe des Meeres. Dem Motto entsprechend wird eine Meeresfrüchteplatte auf einem Eis- und Seetangbett oder frisch gegrillter Fisch serviert. Als Aperitif gibt es einen erfrischenden Meeresbrise-Cocktail. Ein mit fischförmigen Süßigkeiten verzierter Nachtisch erfreut Ihre Gäste, und muschelförmige Schokolade ergänzt aufs Köstlichste den Kaffee.

Ob Sie direkt am Meer oder zu Hause in maritimer Stimmung essen: Hängen Sie farbenfrohe Fähnchen an die Seiten Ihres Tisches. Aus passenden, rot- und blau gemusterten Stoffdreiecken gefertigt, heitern sie sogar den düstersten Tag auf. Suchen Sie in Ihrer Spielzeugkiste nach kleinen Booten und Flaggen und sammeln Sie am Strand interessante Muscheln, vom Meer geglättetes Glas und Treibholz: Das Sammeln dieser nautischen Accessoires macht großen Spaß! Wenn Sie die Gäste bitten, eigene Stücke mitzubringen, ergeben sich nette Gespräche wie von selbst. Und wenn Sie schwere Stücke auswählen, können diese als Beschwerer für die Tischdecke dienen, falls eine heftige Meeresbrise an ihr zerrt.

Die einfachen blauen Kreise auf den Tellern spiegeln die Spirale des Platzdeckchens aus Seil.

Tischkarten oder kleine Botschaften – als Flaschenpost mit etwas Sand dekoriert und verkorkt – begeistern Ihre Gäste.

Legen Sie ein Seil zu einer Spirale, um dieses robuste Platzdeckchen zu fertigen. Weil das Seil so widerstandsfähig ist, kann auch der heißeste Teller weder das Deckchen noch den Tisch beschädigen. Auch die Farbe sieht zu den hellblauen Tönen des Tischs großartig aus.

MATERIAL
Sisalseil mit 1 cm
　Durchmesser
wasserfester
　Flüssigkleber
Stecknadeln
Zange

Platzdeckchen aus Seil

1 Legen Sie das Seil zu einer losen Spirale und geben Sie während der ersten 30 cm regelmäßig einen Tupfer Klebstoff darauf.

2 Rollen Sie das Seil zu einer festen Spirale. Stecken Sie in regelmäßigen Abständen Stecknadeln ein, um die Form zu fixieren.

3 Tragen Sie am Ende der Spirale zusätzlich Klebstoff auf und fixieren Sie es mit Stecknadeln. Lassen Sie es über Nacht trocknen. Entfernen Sie dann mit der Zange alle Stecknadeln, die noch zu sehen sind.

Ganz gleich, was Sie zum Anlass nehmen – vielleicht nur, dass die Sonne scheint, – organisieren Sie doch eine Gartenparty. Schöne, weiche Pastellfarben dominieren diese Designidee, weil sie im Sonnenlicht fantastisch aussehen. Auf unserem Tisch gibt es nichts, nach dem lange gesucht oder das lange vorbereitet wurde – sogar das Tischtuch aus Organza wurde in weniger als einem halben Tag gefertigt. Die Tischdekoration atmet Einfachheit und Leichtigkeit. Mit etwas Vorstellungs-kraft und wenigen Handgriffen erzielen Sie die wunderbarsten Ergebnisse.

Sommerparty

Papierlampions, die an Zweigen oder einem großen Sonnenschirm hängen, kosten nur ein paar Cent, sehen aber fantastisch aus, wenn sie im leichten Wind schwingen. Hübsche Flaschenaufsätze sind dekorativ und verhindern, dass kleine Blätter, Blüten oder Insekten in den Wein fallen. Bauen Sie ein Buffet mit Salaten und kalten Speisen auf, an dem sich die Gäste selbst bedienen können. Das ist besser als ein formelles Essen, bei dem die Gänge auf dem Teller serviert werden. Die Tabletts hier mit hohem Rand, können auf der legeren Sommerparty herum-gereicht werden und erleichtern den Transport von der Küche in den Garten. Lehnen Sie sich zurück, entspannen Sie sich mit Ihren Gästen und genießen Sie die Sonne!

Papierlaternen erzeugen Feststimmung, und die aus Büttenpapier gerollten Tüten, die mit saftigem Sommerobst gefüllt sind, greifen unser Motto auf. Mit Dekoband verschnürt, können sie sogar von kleinen Kindern bequem gehalten werden. Und sie müssen nicht gespült werden, sobald unser Mahl beendet ist! Der Garten liefert alle Blumen für die Tafel. Schneiden Sie ein paar Blüten ab und arrangieren Sie diese in unterschiedlich hohen Flaschen und Gläsern. Blaue Teelichter sehen vor dem Rosa und Blau des Tischtuchs großartig aus. Brennende Teelichter mit Citronella halten die Mücken fern.

Ein großer Krug eisgekühltes Wasser mit einem Spritzer Minze erfrischt an einem heißen Tag.

Stellen Sie das Eis in diesen herrlich bunten Formen her – über die ungewöhnlichen Formen lässt sich gleich plaudern.

Sie erzielen tolle Effekte, wenn Sie verschiedenfarbige Stoffe übereinanderlegen und sie dann mit glitzernder Stoffmalfarbe zusammenhalten. Hier haben wir für eine sommerliche Tischdecke blaue Rechtecke auf einen weichen, rosafarbenen Organzastoff geklebt.

MATERIAL
Schere
durchscheinender
  blauer Stoff,
  30 cm lang,
  1,20 m breit
Maßband
rosa Organza,
  um den Tisch zu
  decken
glitzernde
  Stoffmalfarbe

Tischdecke aus Organza

1 Messen Sie acht Rechtecke von 12,5 x 17,5 cm auf dem blauen Stoff ab und schneiden Sie sie aus.

2 Fransen Sie die Ränder jedes Rechtecks sorgfältig aus und legen Sie sie dann auf den rosa Organza.

3 Tragen Sie auf jedes Rechteck Glitzerfarbe in Zickzacklinien auf und kleben Sie es dann auf den Organza. Lassen Sie es über Nacht trocknen.

Wer hat nicht sofort kräftige, würzige Farben und wundervolle Stoffe im Sinn, wenn er an Ethno-Look denkt? Der Look ist opulent, mit einer großartigen Palette aus tiefem Rot, Orange und pulsierendem Rosa. Für unsere Tischdekoration wurden Farben, die auf den ersten Blick viel zu kräftig wirken, effektvoll kombiniert; ein wenig Gold und Silber verstärken die üppige Anmutung. Wählen Sie Geschirr in kräftigen Formen und Farben. Eine dunkelrote Tischdecke aus Seide, mit Goldmustern bedruckt, bildet die Grundlage dieser Ethno-Tafel.

Ethno-Look

Die Blumen in der Tischmitte greifen die dunkelroten Farbtöne auf und erzeugen ein modernes Flair. Rosen und Bambus sind jeweils in einem Glas in einer rechteckigen Schale arrangiert. Ihre Grüntöne bringen Frische auf die Tafel. Weiße Teller mit Goldmuster hellen das Arrangement auf und verhindern, dass es zu dunkel wirkt. Indische Samosas und Zwiebel-Bhajis werden auf goldenen Tellern serviert, die auf der roten Tischdecke fantastisch aussehen. In Teegläsern mit kräftigen Juwelenfarben stecken Räucherstäbchen, die dem Raum einen verführerischen Duft verleihen. Würzige Aromen und die kräftigen Farben auf dem Tisch schaffen ein warmes Ambiente.

Teelichter aus rubinrotem Glas geben der Tafel zusätzliche Energie, und die kräftigen Farben der restlichen Tischdekoration wirken vom flackernden Kerzenlicht beschienen großartig. Diese opulente Tafel kostet nicht viel: Ein paar Stiche mit Metallic-Nähgarn veredeln eine einfache Serviette, und preisgünstige indische Armreife lassen sich leicht in atemberaubende Serviettenringe verwandeln. Geschirr und Besteck spiegeln den Ethno-Stil der Tischdecke und der Accessoires. Hier greift das goldene Spiralmuster der Teller das Gold der Decke auf und wiederholt sich in den Spiralen an den Griffen der Messer und Gabeln. Räucherstäbchen runden alles ab, ihr Duft erfüllt den Raum mit orientalischen Aromen.

Drei goldene Armreife werden hier geschickt als Serviettenring verwendet.

In diesem Arrangement stehen tiefrote Rosen mit frischem, grünen Bambus auf goldenem Sand in Reih und Glied.

Holzstempel, mit denen Muster auf Stoff gedruckt werden, gibt es seit alters her. Komplexe Muster in verschiedenen Farben entstehen durch den Einsatz verschiedener Stempel auf der gleichen Stelle, aber schon eine Farbe allein kann sensationell wirken.

Edle Tischdecke

MATERIAL
eine Bahn rote
  Seide
Stecknadeln
Nähnadel
zur Seide passen-
  des Nähgarn
Schere
goldene
  Stoffmalfarbe
2 Holzstempel
Pinsel

1 Schlagen Sie die Stoffränder um und stecken Sie sie mit Stecknadeln fest. Umsäumen Sie mit Nadel und Faden den ganzen Stoff, um eine gerade Kante zu erhalten.

2 Für die Bordüre tragen Sie mit dem Pinsel nur auf die erhabenen Stellen des Holzstempels Farbe auf.

3 Drücken Sie den Stempel einige Sekunden lang sehr fest auf den Rand der Seide. Nun streichen Sie abermals Farbe auf und drücken den Stempel ebenso fest direkt neben dem ersten auf. Wiederholen Sie das entlang der gesamten Borte.

4 Für das Blumendessin nehmen Sie den zweiten Stempel und bringen wie in Schritt 2 Farbe auf. Drücken Sie ihn in regelmäßigen Abständen im Innenraum der Decke auf. Denken Sie daran, jedes Mal neue Farbe aufzutragen.

Ein prickelndes Glas Champagner steht für Festlichkeit, Erfolg und Amüsement. Knallen die Korken, bricht das das Eis auf jeder Party, und wird der Champagner eingegossen, klingen die Kaskaden des Schampus wunderbar. Deshalb ist Champagner – und anderer Sekt – etwas für besondere Anlässe wie Hochzeiten, bestandene Examen und Jahrestage. Ein frisch gebügeltes weißes Leinentischtuch erzeugt einen klassischen, eleganten Look und unterstreicht die warme Farbe des Weines.

Champagnerlaune

Mundgerechte Canapés sind ideal für eine Champagnerparty: Die Gäste können mit einer Hand ihr Glas halten und mit der anderen unter den köstlichen Kleinigkeiten wählen. Wenn Sie keinen echten Champagner bekommen – er stammt nur aus einer besonderen Ecke Nordostfrankreichs –, gibt es auch Schaumweine aus vielen anderen Weinanbaugebieten. Sie haben also in jedem Fall eine leckere Alternative. Kinder genießen ein nichtalkoholisches Blubbergetränk, etwa Ginger Ale mit Kohlensäure. Champagner kann aus jedem Glas getrunken werden, aber hohe elegante Flöten eignen sich am besten. Unser Beispiel zeigt, wie einfach es ist, sie mit Tupfern aus Goldfarbe individuell zu gestalten.

Geben Sie bei der Sommerparty Früchte ins Glas – Erdbeeren und Heidelbeeren eignen sich besonders gut dafür – oder servieren Sie Rosé-Champagner als erfrischende Alternative. Aufgrund ihrer typischen Form können Sie Champagner-korken, nachdem Sie sie haben knallen lassen, als witzige Tischkartenhalter verwenden. Schneiden Sie einfach mit einem scharfen Messer oben einen Schlitz ein und stecken Sie die Tischkarte hinein. Stellen Sie die Drinks auf große Silber-tabletts, so macht man es in Hollywood, und denken Sie daran, den Champagner in einem eleganten Kühler kalt zu stellen. Das Mixen von Champagnercocktails macht viel Spaß, lassen Sie das Rührstäbchen im Glas.

Die traditionellen, flachen Champagnerschalen sehen großartig aus, allerdings entweichen die prickelnden Perlen darin sehr schnell.

Diese kleinen Champagnertürme erinnern an mehrstöckige Champagnerbrunnen und sind sehr reizvoll.

Aus welchem Grund Sie auch immer mit Champagner anstoßen – diese wunderschönen, selbst bemalten Gläser machen den Moment unvergesslich! Das Design ist von den Perlen im Glas inspiriert, und das Glas glitzert und leuchtet im Licht.

MATERIAL
einfache
   Champagner-
   flöten
Glasmalfarbe
   Konturenliner in
   Gold

1 Spülen Sie jedes Glas sorgfältig, um Schmutz- und Fettrückstände zu entfernen.

Bemalte Gläser

2 Fassen Sie das Glas am Stiel und tragen Sie die unteren vier „Perlen" mit dem Goldstift auf.

3 Wenn Sie mit den Abständen zufrieden sind, bringen Sie die erste Reihe Punkte auf. Verwenden Sie dabei stets jeweils etwas weniger Farbe, dann werden die Perlen immer kleiner.

4 Machen Sie mit den weiteren Reihen so weiter, bis alle fertiggestellt sind. Lassen Sie sie trocknen und brennen Sie sie dann nach den Herstellerangaben im Backofen.

Ein Waldspaziergang belebt und bringt uns mit der Natur in Einklang. Atmen Sie tief durch, die frische Luft vertreibt die Alltagssorgen. Halten Sie einen Augenblick inne und schauen Sie sich um. Je nach Jahreszeit sehen Sie eine Explosion frischer Triebe oder raschelndes Laub in dunklen, erdigen Farben wie Braun, Orange oder Rost. Nutzen Sie diese pulsierenden Farben, Formen und Texturen für ein Tischdesign. Diese Tafel wurde von dem frischen Sommergrün inspiriert und verwendet große Kirchenkerzen.

Waldspaziergang

Stellen Sie unterschiedliche grüne Blätter in hohe Gläser – ein erfrischender Anblick.

Das transparente Glasgeschirr gibt den Blick frei auf den robusten Untersetzer aus kleinen Zweigen.

Legen Sie Farnblätter unter einen Glasteller. Aufgrund ihrer filigranen Form eignen sie sich wunderbar als Tischdekoration.

Ein Arrangement verzierter Kerzen bildet das attraktive Herzstück jeder Tafel. Die Blätter und Rindenstücke werden einfach angeklebt. Wenn Sie unterschiedliche Blätter verwenden oder mit Schichten aus Blättern arbeiten, erzielen Sie unterschiedliche Effekte.

MATERIAL
Band aus
 Naturleder
Kirchenkerzen
Schere
Klebestift
verschiedene
 Blätter und
 Rindenstücke

Verzierte Kerzen

1 Messen Sie das Lederband so ab, dass es etwas länger ist als der doppelte Kerzenumfang. Schneiden Sie das Stück dann ab.

2 Legen Sie das Band mit der Schauseite nach unten und geben Sie etwas Klebstoff darauf. Legen Sie das Farnblatt mit der Oberseite nach unten darauf und drücken Sie es fest.

3 Legen Sie das Rindenstück (wieder mit der Oberseite nach unten) darüber.

4 Binden Sie nun die Deko vorsichtig um die Kerze und verknoten Sie das Band dekorativ auf der Schauseite.

Wenn der Sommer bereits den Herbst ahnen lässt, zeigt sich, ob sich die Arbeit im Gemüsebeet und im Garten gelohnt hat. Jetzt ist es Zeit, die Ernte einzubringen und spontan eine Feier zu veranstalten. Und ganz gleich, ob der Salat und das Gemüse aus dem eigenen Garten stammen oder aus dem Supermarkt: Es ist immer ein Vergnügen, an milden Sommerabenden im Freien zu essen. Wenn Ihr Garten nicht groß genug ist, teilen Sie die Köstlichkeiten unter Ihren Gästen auf und gehen Sie mit ihnen in den Park!

Aus dem Garten

Es braucht nicht sehr viel für ein Essen in der freien Natur. Hier nutzen wir einen Behelfstisch aus Holzbrettern, die auf zwei Stützböcken liegen – die ideale Oberfläche für ein Essen im Freien. Die mit grobem Garn zusammengenähten Kartoffelsäcke eignen sich wunderbar als rustikale Tischdecke. Waschen Sie die Säcke aber zuerst, damit sie nicht schmutzig sind. (Vielleicht haben Ihre Kinder Spaß daran, die Säcke zu einer Decke zusammenzunähen.)

Halten Sie die Tischdekoration schlicht, nehmen Sie Farben und Oberflächen, die zu einem faulen Spätsommertag passen. Ein großer, glasierter Krug mit frischen Maiskolben und herrlichen Sonnenblumen wirkt mit rustikalem Geschirr, buntem Besteck und unseren selbst gemachten Ernteservietten großartig. Eine Handvoll Brunnenkresse-Blüten und kleine, in den grünen Salat gestreute Blätter sehen zauberhaft aus und schmecken lecker. Zum Schluss schreiben Sie die Namen Ihrer Gäste auf kleine Schieferplatten. Das ergibt tolle Tischkarten. Oder nehmen Sie den Schiefer – wie wir hier –, um darauf eine Auswahl an cremigem, französischem Käse anzubieten.

Die Kombination aus frischer Luft und leckerem Essen macht die Gäste schläfrig.

Es ist leicht, Servietten mithilfe der Foto-Transfer-Methode zu verschönern; Ernteservietten für die ganze Familie gelingen damit spielend.

Bilder von knackigem Gemüse, auf helle, farbige
Servietten übertragen, ergänzen unser Motto ideal.
Gute Bildquellen sind alte Gartenbücher und
Päckchen mit Saatgut. Verwenden Sie die Servietten,
um das Besteck zum Tisch zu bringen.

Ernteservietten

MATERIAL
Schwarz-Weiß-
  Fotokopien
Schere
Picture This Bild-Transfer
  Medium (erhältlich unter
  www.quiltundtextil-
  kunst.de)
Pinsel
einfache Stoffserviette
Nudelholz
Wasser
Schwamm

1 Fotokopieren Sie das Motiv, das Sie verwenden wollen, und schneiden Sie es präzise aus.

2 Tragen Sie auf die Bildseite der Fotokopie reichlich Transfer Medium auf. Es muss das Bild ganz bedecken.

3 Legen Sie die Vorlage mit der Bildseite nach unten auf die gebügelte Serviette, streichen Sie mit Ihren Fingern oder dem Nudelholz darüber.

4 Drücken Sie den nassen Schwamm auf das Bild. Sie können das Papier abziehen, sobald es nass ist. Wischen Sie die verbliebenen Papierreste mit dem feuchten Schwamm weg.

5 Wenn die Serviette getrocknet ist, tragen Sie eine Schicht Transfer Medium auf, um das Bild zu versiegeln. Achten Sie auf den Herstellerhinweis, wenn Sie die Serviette waschen.

Das moderne Halloween geht auf ein altes keltisches Fest zurück. Es markiert traditionell den Übergang vom Herbst zum Winter. In dieser Nacht sollen die Seelen der Verstorbenen ihre Gräber verlassen und ihre ehemaligen Häuser aufsuchen, um sich am Herdfeuer zu wärmen. Deshalb gibt es zu diesem Tag unzählige Geister- und Spukgeschichten, und die Kinder verkleiden sich mit furchterregenden Kostümen und ziehen um die Häuser. Heißen Sie sie mit Halloween-Schalen und einer heißen Suppe mit frischem Brot willkommen.

Halloween

Echte Halloween-Atmosphäre erzeugt ein Tisch mit rustikalem Geschirr in warmen Orange- und Goldtönen. Stellen Sie auf jeden Fall noch einige ausgehöhlte Kürbislaternen dazu. Früher wurden diese oft vor das Haus gestellt, um böse Geister abzuwehren. Ein Tisch mit einer ganzen Reihe dieser Lichter leuchtet magisch. Das sorgt sofort für die richtige Stimmung. Zum Aushöhlen kann jede Art von Kürbis verwendet werden, Sie können aber auch einfach ein paar Zierkürbisse in eine Schale legen. Hiervon gibt es viele Arten in mannigfaltigen Formen, Farben und Größen, die sich miteinander kombinieren lassen.

Eine weitere einfache Dekoration ist ein Bündel Maiskolben, das als Willkommensgruß über den Eingang gehängt wird. Servieren Sie heiße Suppe in einem ausgehöhlten Kürbis. Streuen Sie ein paar frische Kräuter und geröstete Kürbiskerne über die Suppe, das macht sie noch aromatischer. Aus dem ausgelöffelten Fruchtfleisch vieler Kürbisse und Melonen lassen sich schmackhafte Suppen und Kuchen zaubern oder Sie können Kürbisstücke auch im Backofen rösten. Trocknen Sie Kürbiskerne im Ofen und fädeln Sie sie auf eine Schnur. So erhalten Sie interessante Serviettenringe. Auch kandierte Äpfel passen gut zu Halloween. Wenn Sie Bänder um die Holzstile wickeln, haben Kinder und Erwachsene noch mehr Spaß.

Selbst gemachte Suppe sieht in rustikalen Schalen toll aus und schmeckt gut.

Eine große Schale mit Zierkürbissen in unterschiedlichen Farben und Formen ist eine zauberhafte Tischdekoration.

Frisch gebackenes Brot passt hervorragend zur heißen Suppe.

Es macht großen Spaß, Gespenstergesichter in ausgehöhlte Kürbisse zu schnitzen. Weil hierzu ein scharfes Messer nötig ist, sollten Sie Kinder die Gesichter zwar auf den Kürbis zeichnen, aber nur unter Aufsicht eines Erwachsenen ausschneiden lassen.

MATERIAL
Kürbis
scharfes Messer
Löffel
Markierstift
Teelicht

1 Mit dem scharfen Messer schneiden Sie den Kürbis oben auf – das wird der Deckel. Schneiden Sie ein Stück des Deckels ab, damit später der Rauch entweichen kann.

Kürbislaterne

2 Höhlen Sie den Kürbis mit dem Löffel sorgfältig aus und schaben Sie mit dem Messer alle verbliebenen Reste aus. Die Kürbiswände sollten etwa 2,5 cm dick bleiben.

3 Zeichnen Sie mit dem Markierstift ein furcht-erregendes Gesicht auf die Außenseite des Kürbis.

4 Schneiden Sie das Gesicht sorgfältig mit dem scharfen Messer aus.

5 Stellen Sie das Teelicht in den Kürbis, setzen Sie den Deckel auf. Entzünden Sie die Kerze mit einem langen Streichholz, das Sie durch eine Gesichtsöffnung stecken.

Die schottischen Highlands haben diese einfache Tischdekoration inspiriert. Die
auf ein grobes Tischtuch aus Leinen gestellten Naturelemente beschwören die
Stimmung der dramatisch zerklüfteten schottischen Berge herauf. Servieren Sie
Ihren Gästen ein einfaches Abendessen mit schottischem Räucherlachs und
Vollkornbrot. Dazu schmecken schwarzer Pfeffer und reichlich frisch gepresster
Zitronensaft. Ohne Schottenmuster gibt es kein perfektes Highland-Dinner, wir
haben einen Stapel Haferplätzchen damit zusammengebunden.

Highland-Dinner

Ein Mix aus Besteck mit Horn- und
Knochengriffen wirkt erlesen.

Eine zusammengerollte Serviette in
einem Zinnring mit einem Heidezweig
schafft sofort Highland-Stimmung.

Die sanften Farbtöne des Schotten-
musters passen sehr gut zu den Natur-
farben unserer Tafel.

Kerzenlicht ist magisch und kann einen ganzen Raum verzaubern. Diese Kerze aus natürlichem Bienenwachs passt perfekt zu ihrer Umgebung aus Mistelzweigen und Fasanenfedern. Zarter Honigduft füllt den Raum, wenn die Kerze brennt.

Gerollte Kerze

MATERIAL

3 Platten natürliches
  Bienenwachs, 20 cm breit
Baumwolldocht, 25 cm lang
Schere

1 Legen Sie die erste Bienenwachsplatte auf eine flache Unterlage und den Docht an die kürzere Seitenfläche.

2 Klappen Sie den Rand so um, dass er den Docht umschließt. Beginnen Sie mit dem Aufrollen.

3 Rollen Sie die Platte so fest es geht auf. Halten Sie die Kanten gerade.

4 Legen Sie das bereits gerollte Stück auf die neue Platte. Platzieren Sie die Ränder sorgfältig übereinander und pressen Sie sie zusammen, damit sie halten. Rollen Sie dann die neue Platte auf.

5 Wenn alle drei Platten verarbeitet sind, drücken Sie die Endkante fest gegen die Kerze. Schneiden Sie den Docht bis auf etwa 1 cm ab.

Bei einem Treffen mit der Familie oder mit Freunden stehen das Gespräch, Geschichten und Erinnerungen im Mittelpunkt. Damit die Mitglieder der Familie ungezwungen miteinander plaudern können, arrangieren Sie die Speisen einfach auf einem Beistelltisch. Wir verwenden eine Reihe ganz klassischer Elemente, etwa ein erlesenes Tafelleinen, geflochtene Körbe und geschliffenes Glas mit frischen Blumen. Sie können auch alte Erbstücke abstauben und auf den Tisch stellen – die sorgen sofort für Gesprächsstoff.

Familientreffen

Ein schönes, altes Foto, auf die Serviette gebunden, sorgt für liebe Erinnerungen und entfacht sofort eine Unterhaltung.

Ein leckerer, selbst gebackener Obstkuchen wird nur mit einem breiten Satinband verziert.

In Servietten eingeschlagenes Besteck wird in einem schönen Korb dargeboten.

Eine Schale mit Porzellanfuß bildet die Grundlage dieses hübschen floralen Blickfangs. Gartenblumen erzeugen eine Atmosphäre längst vergangener Zeiten und erfüllen den Raum mit ihrem herrlichen Duft. Die Familienfotos werden kunstvoll in dem Arrangement verteilt.

MATERIAL
Kartenständer aus Draht
Schale mit Fuß
Nass-Blumensteckmasse,
  wassergetränkt
Blumendraht
Moos
Laub und Blüten
alte Familienfotos

1 Stellen Sie die Kartenständer aus Draht in die Schale.

Floraler Blickfang

2 Schneiden Sie die nasse Blumensteckmasse in Würfel. Legen Sie sie so in die Schale, dass die Kartenständer aus Draht stehen. Halten Sie die Blumensteckmasse mit Blumendraht zusammen.

3 Legen Sie ausreichend Moos in die Schale, um die Blumensteckmasse zu verdecken. Befestigen Sie es mit Blumendraht.

4 Fügen Sie Blätter und Blüten hinzu: Stecken Sie die Stängel einfach in das Moos und in die Blumensteckmasse, bis das Moos nicht mehr zu sehen ist.

5 Arrangieren Sie die Familienfotos in den Kartenständern.

Die Kombination aus einem Tag im Freien und großartigem Essen ist das Rezept für ein perfektes Picknick. Draußen zu essen macht immer Spaß, lassen Sie es sich nicht vom frostigen Wetter verderben. Packen Sie köstliche Speisen und Getränke ein und gehen Sie an die frische Luft. Thermoskannen mit heißem Kaffee oder Suppe und Körbe mit Schwarzbrot schmecken so gut wie im Sommer. Im Winter sind Sie an Ihrem freien Picknickplatz sehr wahrscheinlich ganz ungestört. Unabhängig vom Wetter schmeckt Essen im Freien immer am besten!

Winterpicknick

Ein aufklappbarer Aluminiumtisch wiegt nicht viel und lässt sich tragen; er ist ideal für ein Picknick. Legen Sie die selbst gemachte Tischdecke auf und setzen Sie sich auf Weidenkörbe. Eine graue Wolldecke mit Applikationen passt perfekt zum Winterpicknick und sieht mit Speisen und neutralem Geschirr großartig aus. Wenn der Tisch und die Körbe nicht allzu viel wiegen, marschieren Sie schnurstracks zum Picknickplatz – das macht Appetit. Und falls es etwas kühl ist, hält es auch warm. Nehmen Sie einen Fußball oder ein Frisbee mit – wenn Sie zwischen den Gängen herumspringen und dann wieder etwas essen und trinken, belebt das den Geist und verleiht Ihnen ein frisches Aussehen.

Die besten Picknicks sind die, die gut geplant wurden. Wenn Sie gepackte Picknickkörbe im Laden kaufen, kann das teuer werden. Füllen Sie deshalb doch einfach eigene Körbe und Weidenboxen. Geschmackvolles Picknickgeschirr, Servietten und ein Essig-und-Öl-Set sind für ein kultiviertes Picknick unerlässlich. Thermoskannen mit frisch gekochter Suppe und heißem Kaffee wärmen die Seele. Mit einem Filzblatt umwickelte Wurstbrötchen dienen als rustikale Tischkarten. Binden Sie sie mit einer Schnur zusammen, dann kommen sie noch frisch am Picknickplatz an. Selbst gebackene Obstkuchen passen perfekt zum Winter-picknick und werden erst vor Ort aufgeschnitten.

Unterschiedliche Weidenkörbe dienen zur Aufbewahrung und zum Transport der wichtigsten Picknickutensilien.

Diese stylischen Stapelteller und -tassen wiegen nicht viel und gehen nicht kaputt, wenn der Wind sie fortweht.

Die mit Herbstblättern aus Filz verzierte Wolldecke sieht großartig aus. Eine einzige Linie
aus Stichen folgt dem Blattstiel; so können die
Blätter im Wind flattern. Die Blätter werden
in allen Farben des Herbstes ausgeschnitten und
so angenäht, als glitten sie die Decke hinab.

MATERIAL
Bleistift
Papier
Schere
Stecknadeln
Filz in
  Herbstfarben
Wolldecke
Nadel
Stickgarn

1 Skizzieren Sie Blätter auf Papier. Kopieren Sie die, die Ihnen gefallen, so oft, bis es ausreicht, um die ganze Decke zu bedecken. Schneiden Sie die Formen dann aus.

Wintertischdecke

2 Heften Sie die Formen mit Stecknadeln auf den Filz und schneiden Sie sie aus.

3 Arrangieren Sie die Blätter auf der Decke, bis Sie mit dem Ergebnis zufrieden sind. Stecken Sie sie dann fest.

4 Mit Nadel und Stickgarn nähen Sie die Blätter jeweils vom Stil bis zur Blattspitze in einer Linie auf die Decke.

Mitten im tiefsten Winter, wenn die warmen Sommertage nur noch eine ferne Erinnerung sind und die dunklen Winterabende unendlich scheinen, bleiben die meisten von uns lieber zu Hause. Ein Fest der Sinne für die Liebsten ist ideal, den Winterblues zu vertreiben und das Beste aus den kalten Abenden zu machen. Schließen Sie die Tür ab, kuscheln Sie sich in warme Winterkleider und stellen Sie sich auf einen gemütlichen Abend zu Hause ein. Unsere Sinne sind sehr fein, eine sinnliche Tafel sollte auf subtile Weise jeden davon ansprechen.

Fest der Sinne

Dieses Arrangement am offenen Kamin soll all unsere Sinne anregen und selbst das verzagteste Gemüt wecken. Eine wunderbare Mischung aus dunklem Schokoladenbraun, Zimt und Lavendel ist die perfekte Farbwahl, um eine warme und einladende Atmosphäre zu schaffen. Braunes und cremefarbenes Geschirr ergänzt schöne Materialien wie Leinen und poliertes Holz. Blumen, Kräuter und würzige Blätter duften herrlich, Tannenzapfen und Kerzen sehen wunderbar aus. Mit den Flammen des Kamins und dem Duft des knackenden Holzes erzeugt diese sinnliche Tafel eine Stimmung, die alle inspiriert.

In Schokolade gedippte Löffel sind der Gipfel der Dekadenz! Tauchen Sie die Löffel einfach in geschmolzene Schokolade und lassen Sie sie dann trocknen. Tropfen Sie Tupfen aus weißer Schokolade darauf. Stellen Sie ein Teelicht in eine mit Kaffeebohnen gefüllte Schale. Die Bohnen erwärmen sich und verströmen ihr wohliges Aroma. Eine gehaltvolle Schokoladentorte verführt die Geschmacksnerven, und ein heißer Grog schmeckt nicht nur gut, sondern wärmt auch die klammen Finger. Dekorieren Sie die Teller, indem Sie Kakaopulver über eine Gabel sieben. Die Leinenservietten sind einfach gefaltet, sie werden den seligen Gästen mit Besteck mit Holzgriffen gereicht.

Grobe Leinenservietten passen gut zu Besteck mit Holzgriffen. Eine getrocknete Fenchelblüte sieht nicht nur toll aus, sie riecht auch noch gut.

Ein heißer Grog, mit einer Zimtstange serviert, ist nach der Kälte ein wärmender Willkommensgruß.

Aromatisches Laub in Kombination mit frischen
Kräutern und großen Zimtstangen ergibt eine
großartige Tischdekoration, die nicht nur toll
aussieht, sondern das Zimmer auch mit Duft füllt.
Getrocknete Samenkapseln und Tannenzapfen
machen das ganze noch interessanter.

MATERIAL
großer, flacher Teller
2 große Zimtstangen
2 große
  Tannenzapfen
ein Bündel frische
  Kräuter
Leinenband
getrocknete Samen-
  kapseln und ande-
  re getrocknete
  Objekte, etwa
  Blüten

Zimt im Mittelpunkt

1 Legen Sie die großen Zimtstangen über
den Teller.

2 Arrangieren Sie die Tannenzapfen zu
beiden Seiten der Stangen. Binden Sie
mit dem Leinenband kleine Bündel aus
Kräutern und legen Sie sie dazu.

3 Füllen Sie die Lücken im Arrangement
mit getrockneten Samenkapseln und
Blüten. (Ersetzen Sie die Kräuterbündel,
wenn sie verwelkt sind.)

Viele unserer heutigen Weihnachtsbräuche stammen aus dem 19. Jahrhundert. Damals war dieses Fest eine der wenigen Gelegenheiten, an denen nur das beste Geschirr auf den Tisch kam. Vor dem feierlichen Weihnachtsessen gab es viel zu erledigen: Tischdecke und Servietten mussten gewaschen und gestärkt, die teuren Gläser gespült und das Besteck poliert werden, bis alles glänzte. Unsere Tischgestaltung will diese Eleganz neu entstehen lassen.

Heiligabend

Für die meisten Menschen ist Weihnachten nach wie vor eine ganz besondere Zeit, die sie mit der Familie oder lieben Freunden an einem festlich gedeckten Tisch verbringen. Wir haben mit dem traditionellen Farbschema von Rot, Grün und Gold gebrochen und unsere Weihnachtstafel modern mit kühlem Weiß, frostigem Silber und klarem Glas gedeckt – das Motto ist von den eisigen Morgen und frostigen Spaziergängen in der Natur inspiriert. Ein einfacher, aber höchst effektiver Blickfang hält das Arrangement zusammen: eine Glasschale mit Fuß, die mit Christbaumkugeln und Kerzen gefüllt ist und der Tafel Wärme schenkt.

Die Liebe zu Details sowie die Verwendung von reinem Weiß, Silber und Gold
verzaubern Ihre Gäste garantiert. Das frisch gewaschene, weiße Leinentischtuch
bildet eine reine Fläche, auf die Sie großzügig eine Handvoll Silbersterne streuen.
So funkelt der Tisch richtig. Eine einfache Leinenserviette erhält einen Touch
Glamour, wenn Sie auf eine Ecke silbrig glänzende Quadrate aufbügeln. Passende
Accessoires aus Glas, etwa stylische Glasuntersetzer, und kühl-blaue Kaffee-
tassen greifen das Wintermotto auf. Handgeschriebene Tischkarten, an elegante
Christbaumkugeln gebunden, liegen auf jedem Gedeck. So findet jeder Gast
gleich den richtigen Platz an dieser weihnachtlichen Festtafel.

Eine kunstvolle Perlenquaste eignet sich hervorragend als
eleganter und ungewöhnlicher Serviettenring.

Der Form nach spiegelt dieser Kerzenständer die Silbersterne
auf dem Tisch.

MATERIAL
silberne und
  goldene
  Christbaumkugeln
  und Christbaum-
  schmuck
Glasschale mit Fuß
Lichterkette mit
  weißen Lämpchen

Eine Glasschale mit einer stimmungsvollen Lichterkette zieht auf jedem festlich gedeckten Tisch die Blicke auf sich. Die goldenen und silbernen Christbaumkugeln passen zu den kühlen Farbtönen der Tafel. Sie können aber auch die traditionellen Rot- und Grüntöne verwenden.

Weihnachtsschale

1 Legen Sie die Christbaumkugeln in die Schale.

2 Drappieren Sie die Lichterkette sorgfältig um die Kugeln.

3 Zum Schluss arrangieren Sie eine weitere Schicht Christbaumkugeln in der Schale, die so viel wie möglich von den Kabeln verdeckt.

Schwarz und Weiß verleihen jeder Tafel eine gewisse Dramatik. Weil Farben fehlen, konzentriert sich alles auf Form, Textur und Muster. Schwarz und Weiß ist ein kräftiges Statement, das zu einem Mittags- und Abendessentisch passt – so schnörkellos, dass es nicht für Zaghafte taugt. Damit ein monochromatisches Design wirkt, dürfen nur reines Schwarz und Weiß benutzt werden. Feines Porzellan ist ideal, weil es weißer als weiß ist. Wenn Sie die schwarzen Elemente aussuchen, beachten Sie, dass diese nicht dunkelbraun, -grün oder -blau sind.

Schwarz und Weiß

Der geometrische Stil dieser Tischdekoration wird durch den Einsatz sehr einfacher, klarer Formen erzielt. Die kräftigen Linien der quadratischen Schalen werden von den Noppen auf der Platte darunter ergänzt, die Schlange aus Teelichtern kontrastiert mit den geraden Linien der schwarz-weiß karierten Teller. Massives Besteck und schwarze Saftgläser verleihen der Tafel einen starken Look, die Servietten fügen ein Element natürlicher Weichheit zu den harten Porzellanoberflächen hinzu. Die Spiralplatzdeckchen kombinieren Schwarz und Weiß in konzentrischen Kreisen und geben dem dramatischen Design den letzten Schliff.

Man sollte nicht davor zurückscheuen, in einem monochromatischen Farbschema auch Muster zu verwenden; wir haben sogar einen chinesischen Teller benutzt. Stapel von unterschiedlich großen Tellern und Schalen erzeugen ebenfalls Muster, besonders dann, wenn gemusterte Teile mit unifarbenen gemischt werden. Auch das Essen kann in Schwarz und Weiß gehalten werden: Weißer Reis wirkt toll auf schwarzem Porzellan, ebenso rein weiße Zuckerwürfel in einer schwarzen Schale. Eine Auswahl karierter und gestreifter Servietten passt zu einfachem oder verziertem Besteck. Schneiden Sie aus unterschiedlichen Schwarz-Weiß-Stoffen Quadrate und nähen Sie diese zu einer Tischdecke zusammen.

Eine Reihe aus schneeweißen Keramik-Teelichtern schlängelt sich über den Tisch.

Eine extravagante Keramikplatte reicht völlig aus, um einen Schwerpunkt zu setzen.

Aus weißen, runden Platzdeckchen machen Sie durch ein sehr einfaches Design mit schwarzen, konzentrischen Kreisen einen Blickpunkt für Ihren Tisch. Das rechts aufgelistete Material reicht für ein Platzdeckchen; nehmen Sie jeweils mehr, wenn Sie weitere anfertigen wollen.

MATERIAL

unterschiedlich große
 Teller als Vorlage
weißes, rundes
 Platzdeckchen, etwa
 38 cm Durchmesser
schwarzes Hutgummi,
 2,5 m lang
Bleistift
Nähnadel
schwarzes Nähgarn
Schere

Platzdeckchen mit Spirale

1 Zeichnen Sie mit dem Bleistift und den Tellern vier konzentrische Kreise als Vorlage auf das Deckchen. Beginnen Sie mit dem größten Teller und reduzieren Sie jedes Mal die Größe. Alle Kreise sollten sich unten an einem Punkt treffen.

2 Legen Sie das Hutgummi über die Bleistiftkreise und nähen Sie es auf das Deckchen. Beginnen Sie auf der Unterseite, ziehen Sie das Nähgarn über das Hutgummi und anschließend wieder durch das Deckchen.

3 Fahren Sie so fort, bis das Design fertig ist. Sichern Sie das Ende des Gummis mit ein paar zusätzlichen Stichen und verknoten Sie das Ende des Nähgarns auf der Unterseite des Deckchens.

Liste der Projekte

Kursive Stichworte beziehen sich auf „Mini-Projekte", alle anderen Stichworte auf die Schritt-für-Schritt-Anleitungen.

Danksagungen

Autor und Verlag danken den folgenden Unternehmen für die Bereitstellung von Material für dieses Buch.

Nachmittagstee (Seite 24)
„Chintz"- und „Old Country Roses"-Porzellan von Royal Albert
Internet: www.royal-doulton.com

Strandparty (Seite 36)
„Shore"-Porzellan von Royal Doulton
Internet: www.royal-doulton.com

Seemannslunch (Seite 46)
Sisalseil von
W. R. Outhwaite & Son Ropemakers
Town Foot
Hawes
North Yorkshire DL8 3NT
Internet: www.ropemakers.co.uk

Schwarz und Weiß (Seite 112)
„Black Aves"-Porzellan von Royal Crown Derby
Internet: www.royal-crown-derby.co.uk

Das Bastelmaterial stammt von:
HomeCrafts Direct
PO Box 38
Loicoctor
LE1 9BU
Internet: www.homecrafts.co.uk

DIE AUTORIN DANKT
Ich danke Lisa und Derek Bennett dafür, das wir in ihrem Garten das französische Bistro (S. 40) aufstellen konnten; Vicky Lias und der Beckenham Allotment Society für den schönen Morgen, an dem wir Aus dem Garten (S. 74) fotografiert haben, sowie Penny Harrison von HomeCrafts Direct, die all die wunderbaren Materialien für die Projekte zum Selbermachen zur Verfügung gestellt hat. Ganz besonders danke ich der Fotografin Shona Wood, mit der zu arbeiten immer wunderbar ist. Last, but not least, danke ich meinem Mann Paul für seine Unterstützung, Geduld und gute Laune.

Jo Rigg

Fotos: Shona Wood
Layout: Lisa Tai
Englisches Lektorat: Katy Lord
Management: Janet Ravenscroft